그대가 있어 나 언제나

김덕겸 遺稿詩集
그대가 있어 나 언제나

초판 인쇄　2024년 08월 22일
초판 발행　2024년 09월 05일

엮 은 이　김 재 훈
발 행 처　다담출판기획 TEL : 02)701-0680
　　　　　　서울시 영등포구 영신로30길 14, 2층
편 집 인　박 종 규
등 록 일　2021년 9월 17일
등록번호　제2021-000156호
I S B N　979-11-93838-23-5 03800
가　 격　15,000원

본 책은 지은이의 지적재산이므로 무단전재와 복제를 금합니다.

김덕겸 遺稿詩集

그대가 있어 나 언제나

엮은이 김새훈

-김덕겸 遺稿詩集을 펴내며-
故 김덕겸 시인을 기립니다

박 종 규

저녁노을 지어가는 그때가
가장 아름답다고 생각하셨던 당신
당신의 삶에도
노을이 찾아왔었는데
당신의 노을, 그 마지막이
더 아름다울 수 있다면
얼마나 좋았을까요?

가는 길이 좀 힘겨워도
참을 수 있었겠지요?
당신은 그다지도 참지 못하셨는지요?

삶의 끝자락에 서 있는
당신의 인생 서로 도와가며
서서히 황혼빛이 스며들고
아주 고운 빛 물들이게
더 다독이고 주님만을
생각하며 살아가길 기도했는데…

왜 그렇게도 바삐 가셨습니까?
저 전라도 임실도 가보고
저 경상도 창원도 가보고
부산도 가보자고 하셨는데
무엇에 홀려
그렇게 빨리 가셨습니까?

오늘 더 감사하고
더 멋지게 살아가자고 약속했잖아요?

당신께서
마지막으로 했던 말 두 가지
세례를 받고 싶단 말
제5시집 출판 도와달라는 말
이젠 헛된 말이 되었소!
그래도 주님께서 기억하고 계시겠지요?
시집출간은 재훈 아드님과 상의해 볼게요.

당신과의 만남 그 자체가
나에겐 행복이었고 기쁨이었다오.

이젠 어떡하오
정일형 시인님도
당신 떠난 거 알지도 못하더라고요
그만큼 쇠약해지셨더라고요.
우리네 인생 한번 왔다가는 거

아무리 애써도 눈물이 앞을 가립니다
이제는
더 나은 에덴의 땅 본향
천국에서 만납시다

우리에겐 영생의 소망이 있기에
잠시 헤어짐으로 인한
슬픔의 눈물 뒤엔, 재회의 소망으로
기쁨의 눈물이 고여있을 뿐입니다.

본향을 향하여 나아가는
확신과 소망과 감사함
잊지 않겠습니다.

잘 가오!
참 사람다운 사람이여
참 시인다운 사람이여
김, 덕, 겸….

2024. 08. 08
대지문학회 회장 **박 종 규**

차례

故 김덕겸 시인을 기리며/ 4
遺稿詩(1)_**오뉴월 개살구**/ 13

갈잎 하나/ 15
가을을 떠나보내려고 하니/ 16
외로움/ 18
그믐달/ 19
제2의 봄/ 20
겨울 산/ 22
어린 무명 학도병의 죽음/ 24
가을 산책/ 26
가을 상추 겉절이/ 27
더 그립습니다/ 28
오뉴월 개살구/ 30

遺稿詩⑵_봄, 아련한 그리움/ 33

밤에 쓴 편지/ 35
목마름/ 36
봄과 사랑/ 38
봄, 아련한 그리움/ 40
홍매화가 피어나는 봄밤/ 42
사랑한다고 적었습니다/ 44
先正 같은 삶/ 46
비 내리는 날/ 48
만추/ 50
가을 산책/ 52
가을 계곡/ 54

遺稿詩(3)_마지막 남은 여유/ 55

두 마음/ 57
바다(1)_평화/ 58
바다(2)_희망/ 60
바다(3)_믿음/ 62
마지막 남은 여유/ 64
눈꽃/ 66
그대가 있어 나 언제나/ 68
지나가는 봄/ 70
당신/ 72
일상/ 74
첫눈/ 76

弔詩_**그 강을 건너셨습니까**/ 77

최진만 | 돌아올 수 없는 강/ 79
박정란 | 고 김덕겸 시인을 기리며/ 80
한기룡 | 님은 가셨습니다/ 82
전병덕 | 그 강을 건너셨습니까/ 84
박종규 | 그대 생명 지워졌어도/ 86
양해태 | 포용 시인을 기리며/ 88

追募詩_**김덕겸 시인을 떠나보내며**/ 91

김범식 | 마파람 외 2/ 93
김민지 | 가을쯤 외 1/ 100
김용기 | 한 번뿐인 우리네 인생 외 1/ 104
김윤곤 | 님을 그리워합니다/ 108
배건해 | 당신이 자랑스럽습니다/ 110
박명호 | 자화상 외 1/ 112
박정란 | 삶의 먼 여행/ 116
박종규 | 노을 같은 인생/ 118
송 희 | 그리움 심어준 그대 외 1/ 120
염상희 | 그루터기 외 1/ 123
임동학 | 故 김덕겸 시인님/ 126
전병덕 | 비 갠 날 외 2/ 128
정남길 | 가신 님 흔적 외 1/ 134
정철기 | 무관심 외 1/ 138
최진만 | 외로움과 괴로움과 두려움 외 2/ 142

遺稿詩集을 펴내며_**감사의 글**/ 146
부록_**김덕겸 미니 자서전**/ 148

遺稿詩(1)_오뉴월 개살구

갈잎 하나
가을을 떠나보내려고 하니
외로움
그믐달
제2의 봄
겨울 산
어린 무명 학도병의 죽음
가을 산책
가을 상추 겉절이
더 그립습니다
오뉴월 개살구

갈잎 하나

돌아가기엔 너무 멀리 왔어

돌아갈 길도 없어
돌아가 봤자 또 별수가 없고
너무 힘들어서
돌아가고 싶은 마음도 없어

그냥 앞만 보고 가는 거야
차디찬 ㄱ 날이 ㅇ더라도
좋은 기억만 떠올리며

내일 이 한 몸
사그러진다 하더라도
오늘은 그대로이고 싶다

가을을 떠나보내려고 하니

올 단풍은 겉물만 들어
색은 내지만 깊이가 없었던 가을
가을을 떠나보내려고 하니 내 마음 착잡하다
사람은 속물이 들어 깊어야 하는데…

동구 밖 은행나무는 하루 만에
벌거숭이가 되어버린 가을
가을을 떠나보내려고 하니 매 마음 허무하다

당신을 생각하며 공원 길 걷다 보니
느티나무 이파리도 내 생명 다한 듯 고꾸라지는 가을
가을을 떠나보내려고 하니 외로움만 밀려온다
우리네 삶도 먼 앞날을 바라보며 살아가야
하는데…

이제 막 마라톤 출발선에 서서
출발신호를 기다리고 있었는데
가을마저도 떠나려 몸부림치는데
내 심장에서도 회오리바람이 불어온다
마지막 기회라는 듯 긴 호흡을 하게 한다

그렇다 늦었다 하더라도 가까운
명성산 억새는 찾아봐야겠고
수인선 기찻길 옆 스크럼에게도
가는 길 하나하나 눈인사라도 해야겠다.

외로움

고즈넉한 늦가을
먼 산 외딴집
두어 개 매달린 붉은 감
찬 서리 내려앉아 더욱 서럽다

오늘도 찬 바람 불어오는데
단풍 숲마저 그와 함께하니

숲 그늘서 외로운 단풍잎 하나가
소슬바람에 흩날리고 있으니
외로움은 그와 함께 더 깊어만 간다

그믐달

꽃이 아름다운 것은 꽃이 외롭기 때문이다
혼자 피고 혼자 지기 때문이다

파리하게 야윈 얼굴은 소박맞은 여인처럼
생의 굴곡에 휘어진 등 돌아앉아
축축하게 젖어 있어
꽃잎에 새벽이슬 젖나 보다

내가 너를 사랑하는 것은
돌아앉아 세상을 원망하지 않음이요
초췌한 뒷모습이 오래지 않음이요
새벽을 사랑하기 때문이다

꽃이 되는 것은
한 송이 고독을 피워내는 일이다

제2의 봄

밤의 한가운데 서보지 않았다면
뿌리에 묻은 겨울을 어떻게 볼 수 있었겠는가

그 여름 끝까지 가보지 않았다면
내가 한갓 소음인 것을
어떻게 알 수 있었겠는가

평생 푸르르고 싶은 욕심을 다 버리지 않았다면
풋내로 팔랑거리던 소음들이
이토록 아름다운 꽃이 되지 못했을 것이다

계절에 부는 역풍인 줄 알았다
봄, 그것은 뿌리에 묻은 겨울을
다 털어냈을 때
비로서 오는 것인 줄 알았다

그때, 저 별의 눈빛이 없었다면
내 안에 집이 지어져 있는 줄
어떻게 알 수 있었겠는가

꽃이 말을 배우지 않는 이유를
이제야 알 것 같다

겨울 산

바람 한 점 드나들
빈틈조차 없이 빽빽하던 그 여름
푸른 잎들의 늠름한 노래만 있던 숲속에는
아무것도 보이지 않았다

그런 산에도 겨울이 오고
푸른 잎들을 하나씩 지워내더니
마침내 바람의 노래가 산을 메아리치고
깊게 팬 골짜기가 보이고
툭툭 불거진 검은 바위가 보이고
뭇짐승들 할퀴고 지나간 발자국이 보이고
살갗에 난 상처 같은 붉은 황토가 보였다

나에게도 그런 한 철이 있었다
빽빽하게 부풀어 올랐던
아집으로 똘똘 뭉쳐
아무도 허용하지 못하던
내 노래만 요란하던
나의 계절에 겨울이 오지 않았다면
나를 비워 가볍게 하지 않았다면
내 속을 어떻게 들여다볼 수 있었겠는가

누가 나에게 가로막혀 보이지 않는
나의 마을과 이웃과 친구를 볼 수 있었겠는가
누가 내 노래에 알맞은
곡조를 붙여 줄 수 있었겠는가

어린 무명 학도병의 죽음

6월, 붉은 사루비아가 눈물을 흘리고 있다.
누가, 왜 이다지도
이 계절을 이리도 슬프게 하는가

이글거리는 태양 아래 마구 피어오른
붉은 이념 붉은 깃발이 지나가는 곳마다
힘없이 쓰러지는 신음 소리

태극기 아래 묻힌
아주 나이 어린 학도병
그는 붉은 사루비아를
한 움큼 쓸어 안고 있었다

아 슬프다 차마, 눈을 뜨지 못하는
어린 누이여! 엄마 손잡고 함께 울고 있다
슬픈 이념의 종말

얼마 전까지만 해도
엄마 가슴에 기대어 잠자던 아들이었는데
지켜주지 못한 아픔이
채 사라지기도 전에

땅바닥에 내려앉은
한 움쿰의 사루비아여
너는 조국이 눈물을 흘릴 때
어디서 무엇을 하며 숨을 쉬었나

뜨거운 여름
바람조차 불지 않는다
2022년 6월 25일,
오늘은 다른 어떤 해보다 기쁘기만 하다

너를
영원히 잊지 못해
난 널 위해 조국을 위해
오늘도 태극기 휘날리고 있다.

가을 산책

가던 길 멈추고 머물고 싶은 곳
그곳이 그 어드메냐

삭정이 잠든 산길이라도 좋다
단풍이 우거진 그곳에 누가 사나

노을이 물든 가을에
다소곳이 담은 향연 따라

슬퍼도 웃고 갈 그곳으로 가자
너도나도 차츰차츰 물들어가자

저 붉은 물이 든 산으로 강으로
너저분한 마음 정갈히 씻으러

가을 상추 겉절이

청갓 사이에서 자란 상추는
집 나간 입맛이 돌아와
야들야들한 제 몸 내어주네

이렇게 햇살이 가득한 가을에
겉절이 좋아한 임이시여
그대는 지금 내 손끝에 스민
손맛이 그립다고 울지 마라

그 먼 옛날의 금잔디는
다시 되돌아오지 않듯이
그대의 어긋난 뇌리 또한
되돌릴 수 없는 미로이다

더 그립습니다

텅 빈 허공 속에
내 동공은 움직일 줄을 모른다

무심한 바람은 절대적 고독으로
날 밀어 넣으며 잃어버린 언어들을
오랏줄에 묶어 들고 하얗게 말리고 있다

얼마나 아팠을까
얼마나 슬펐을까

그래도 그대를 잊을 수 없기에
이 마음 그저
침묵으로 끌고 가는 시간 속에
그대가 몹시도 더 그립습니다

그대여
잊을 수 없기에
더 그립습니다

오뉴월 개살구

푸르름이 너무 좋아
오뉴월이 그저 좋아
들판 길을 여기저기 헤매고
밭두렁 논두렁 살펴보다가
돌아온 우리 집 장독대 옆
둥근 넓적한 잎사귀 사이사이
풀 빛깔 개살구가 날 반긴다

연두가 초록으로 펼쳐지도록
난 왜 몰랐을까
앞만 보고 살아왔단 말인가
저 많은 살구꽃 피고 지는 줄만 알았지
그 자리에서 커가는 열매는 왜 몰랐는가

세상사
빠뜨리고 살아가는 게
어디 개살구뿐일까!

遺稿詩(2)_봄, 아련한 그리움

밤에 쓴 편지
목마름
봄과 사랑
봄, 아련한 그리움
홍매화가 피어나는 봄밤
사랑한다고 적었습니다
先正 같은 삶
비 내리는 날
만추
가을 산책
가을 계곡

밤새 쓴 편지

침묵이 몰아낸
잃어버린 말들을 찾아
밤새 지우고 쓴 편지
부칠 곳이 없다

온몸 다하여
감싸 안은 그리움
무엇이 그토록 서러워
한밤 내내 흔들어 놓았을까

그대가 놓고 간 사랑이
외로움에 떨다
그리움에 절연진 체
잠이 들었네.

목마름

세상이 타오른 향기에
온몸이 춤을 추듯 가을날의 심장은
잠자던 첫사랑까지 불러내더니

내 안의 사랑과 그리움은
잠재우지 못하고 떠나는구나!

목마름은 칠흑이 되어
광활한 대지의 함성들을
지워나가는데
깊어진 곳마다 쌓여가는
시신 같은 갈색의 몸부림

낮은 바람으로도
길바닥에 나동그라지는 너

그 길을 사박사박
수인처럼 걷고 있는
발밑에 쪼그라드는 비명

아파요, 온몸이
아파요, 내 영혼이.

봄과 사랑

빛이
창문의 얼룩을 밀어내고
예열을 시작하며,
방 안의 어둠과
몸을 섞는 이른 아침 시간

나는
밤새 너와 놀던
그리움을 배까지 끌어다 덮고
점점 귀가 어두워지는
사랑에 대해 혼잣말로 중얼거리고 있다

사랑은
언제나 인적이 드문
길의 끝에 뒤돌아서서
지금까지 달려온 길을
다시 가야 한다는 다짐을 하고 있다

아직은
가난한 이른 아침 햇빛에
실눈을 떴다 감았다 하면서
때 이른 봄볕과 손잡아달라며
자꾸만 겨드랑이를 간지럽히고 있다.

봄, 아련한 그리움

지난겨울은 악마 같았다
내 안에 덕지덕지 쌓여
바위처럼 단단하게 굳어져 가던
두 조각 폐포를 후벼 파헤칠 수밖에 없었고
파란 하늘 같았던 속 마음조차 가눌 수 없었었다

세월은 치료 약, 맞았다
마음 곁으로 찾아와 준 시간들
곧은 심지가 구석구석 하나둘 박혀 갔다

넘어지지 않게 빛이 찾아오고
곧게 걸어갈 수 있게 길도 찾아오고
기댈 수 있는 언덕도 찾아오고
이런 삶의 테두리 안에서
숨소리가 가벼워지며
따사로운 바람도 찾아왔다

봄바람, 가슴 설레는 날을
봄비, 촉촉한 사랑을 꿈꿀 때를
봄, 아련한 그리움을
코끝으로 느껴본다
한 걸음 두 걸음 까치발 떼며 살며시 걸어본다.

홍매화가 피어나는 봄밤

달빛 사이로 유영하는
은하수 물결이 반짝인다

꼬리에 꼬리를 물고
첫날밤 호롱불처럼 내 맘도 흔들린다

빨갛게 멍울진 홍매화가
창가에 기대어
날 유혹하는 밤이 깊어가고

지그시 눈을 감는다
붉게 피어나는 너의 모습에 반해
홍매화가 참 맵게
피어나는 이른 봄밤이다

뜨거운 사랑도
날 새는 줄 모르고
달빛 아래 숨어든다

오늘 밤, 날 새기 전
네 모시 적삼이 열리는
모습을 바라보고 말 거야

어느 새
내 한복판에
나무 한 그루가 솟아올랐다

재판에 회부 된 나에게
봄을 사랑한 두 망울을 훔쳐본 죄
탕탕탕!

사랑한다고 적었습니다

바닷가 모래밭에
"사랑한다"고 적었습니다
밀려오는 파도는 알고 있을까요
정처 잃은 사랑이 향하는 곳을요

해파랑길 벼랑 위에 서서
수평선을 마냥 바라보는데
아슴히 아려오는 얼굴 하나
사랑의 사람은 보이지 않고
지워야 하는 사랑의 이유를
사랑에게 묻고 있는 빈 가슴

파도가 밀려오며 속삭입니다
지워도 아니 지워지고
시들지 않는 꽃은 피어나는 영원!
알면서도 지울 수 없는 거라고요

태어남의 실마리를 모르고
잊혀져야 할 권리도 없는 사랑을
어떻게 헤아려야 합니까
하 깊고 서럽도록 사무치기에
그냥 가슴에 새기렵니다
핏줄을 타고 흐르게요

파도는 잔인했습니다
모래도 잔인했습니다
아무런 권리를 주지 않았는데
지워야 할 이유가 서러움이 되는데
"사랑한다"는 모래 위에 새긴
맹세가 보이지 않았습니다

先正* 같은 삶

우리는
우아한 여유로움을 만들어야 하는데도
이미 바빠야 한다는 데 익숙하다

침묵의 위대함, 여유로움의 위엄을
실험해보는 야심 있는 삶

인생은 내 의지로 살아가는 것 같지만,
전혀 예상치 못한 상황에 밀려 살아가고 있다

끝없는 파도의 모습으로
바다를 항해해야 하는 선장처럼
우리네 인생은 바다처럼 흘러야 한다

내 인생의 방향을 찾을 때는
바쁘게 살아갈 때가 아니라
잠시 온전히 내려놓고 쉬어 갈 때가 아닐까
휴식이, 여행이, 멍때리기가 필요하지 않을까
인생은 속도보다는 방향이 더 중요하니까.

*先正: '선대의 현인'을 의미함.

비 내리는 날

전쟁터로 차출되어 나가는 군인처럼
비장한 각오로
신경과 진료실 3번 방으로 들어갔다

의사는 힘겹게 입을 뗐다
"글쎄요 확실시됩니다."
"1년 내외… 더 이상…"

정신이 아득해진다
드높은 파도처럼
슬픔이 밀려오고

그런 모든 자극을 그대로 받아들인다면
항상 박탈감과 허무함에
시달릴 수밖에 없다

고요히 그것을 지켜본다면 어떤 순간에
삶의 아름다움을 느낄 수 있을 것이다.

만추

이제, 더는 버틸 수 없기에
가끔 불어오는 찬 바람에
여린 마음을 실어서
낙엽 되어 삶을 마감합니다.

이렇게 몸과 맘을
아름답게 버릴 수 있음을 감사하고
또다시 새봄을 기다리며
이제는 기쁜 마음으로 사라지렵니다.

어느새 싸늘한 바람 때문에
으스스 떨며 몸 가눌 수 없고
매일 아침 세상을 온통 하얀색으로
뒤덮으며 피어나는 안갯속으로
고운 향기를 만추에 날려 보냅니다.

희붐한 새벽녘에
한바탕 기적을 울리고
덜커덩거리며 달려 나가는 철마가
더는 태울 수 없는 깊어가는
가을의 스산한 몸짓 같습니다.

아,
이제 더는 버틸 수도
몸부림칠 수도 없고
버리고 비우고 내던져야만 하는
애잔한 가을날
사라져야만 하는 낙엽이여
그리고 만추의 슬픈 몸짓이여.

가을 산책

가던 길 멈추고
머물고 싶은 곳
그곳이 그 어드메냐

삭정이 잠든
산길이라도 좋다
단풍이 우거진
그곳에 누가 사나

노을이 물든 가을에
다소곳이 담은 향연 따라

슬퍼도 웃고 갈 그곳으로 가자
너도나도 차츰차츰 물들어가자

저 붉은 물이 든 산으로 강으로
너저분한 마음 정갈히 씻으러 가자.

가을 계곡

산촌에 가을이 차츰 짙어만 가고
먼 산 능선 위에서 하얀 뭉게구름
소슬한 바람 따라서 흘러갑니다.

깎아지른 바위 절벽 틈새에서도
듬성듬성 가을 색이 번지고 있는 듯
어느새 붉은 단풍이 차츰 물들고

깊은 계곡 물가에 곱게 핀 들꽃 송이
저만치 불어오는 바람결에 실려서
그윽한 꽃향기 온 누리에 풍깁니다.

遺稿詩(3)_마지막 남은 여유

두 마음
바다(1)_평화
바다(2)_희망
바다(3)_믿음
마지막 남은 여유
눈꽃
그대가 있어 나 언제나
지나가는 봄
당신
일상
첫눈

두 마음

마음 밭에
사랑 용서
하나씩 품고 살았더니

그 마음
참 대견하죠

날마다
사랑
미움 하나씩 씻겨 내보내요.

바다(1)_평화

푸른색의 광활한 하늘에서
지평선과 끝없는 빛깔이 만나는 곳에서
경이의 세계, 길들여지지 않은 세계
영원한 이름 모를 거대한 바다

표면 아래, 활기찬 발레
수많은 생명이 눈부신 전시 속에서
돌고래들의 우아한 춤에서
장엄한 광선의 부드러운 활공을 위하여

깊은 바다의 걸작인 산호초는
색깔이 너무 선명해서 심장을 뛰게 하고
삶의 태피스트리*, 활기찬 만화경
수많은 종들이 위안과 희망을 찾는 곳

아이들은 성을 쌓고, 꿈은 도망치고
조개껍데기 빛 속에서 비밀을 속삭이며
발자국은 파도가 회복되면서 사라집니다
인생의 덧없는 게임을 떠올리게 하는 것

오, 바다, 위로와 평화의 원천
고통받는 마음이 풀려나는 성역
그 광대함은 인간의 영혼을 겸손해질 수밖에
그 안에서, 우리는 우리 자신이 완전하다는 것

그러니 이 끝없는 바다를 소중히…
모든 사람이 볼 수 있도록 주어진 보물
그 깊은 곳과 그 바닷가에
영원히 아름다운 세상을 꾸며보면 어떨까.

*태피스트리(tapestry): 무늬를 넣은 양탄자처럼 다양한 삶을 의미함.

바다(2)_희망

조수의 간만에 흥망성쇠에
우리 모두를 연결하는 리듬을 발견하고
바다를 위하여, 그 힘과 부드러운 흔들림으로
우리가 자연의 대 발레단의 일원이라는 걸
상기시켜주는 거지

이 장엄한 바다를 기리며
감사와 존경과 단결로
그 깊은 곳에, 그 파도와, 그 신비로움과
우리의 공통된 인간성의 반영입니다

깊은 영감의 원천인 바다는
시인들을 위한 뮤즈, 꿈을 찾는 곳
전달하고자 하는 단어와 구절에서
영원한 흔들림 속에 존재하는 아름다움

그리고 파도가 끝없이 춤을 추면서
우리는 위안을 찾고, 희망을 찾고,
기회를 찾고
온 힘을 다해 바다를 축하하기 위해
경이로움과 기쁨의 영원한 원천

바다의 매혹적인 부름을 받아들이자
그 본질이 우리 마음속에 자리잡게 하소서
영원한 사랑, 존경
바다의 영원한 유산에 대한 증거

아름다운 석양이
새벽 바다로 몰려오고 있습니다
아, 희망입니다.

바다(3)_믿음

바다는
예나 지금이나
불안한 미래였고
두려움이 앞섰다
깊은 불안감도 안겨다 주었다

모질게 불어오는 거센 바람과
삼킬 듯한 험한 파도
예기치 못한 폭풍우가 대작할 땐
자랑할만한 커다란 배라도
초라하기 그지없는 일엽편주일 뿐이었다

노인과 바다에서
헤밍웨이가 그랬던 것처럼

이런 날
평안한 침대는 찾을 수 없을까

하나님을 향한 절대적인 믿음을…
주님이 주셨습니다.

마지막 남은 여유

귀밑머리가 희끗희끗해져도
그냥 쉽게 마음만은 뺏기지 않고
떨어지는 낙엽을 밟으며
지난날을 회상하는 내 모습
얼마나 아름다운가 간직하고 싶습니다

희희낙락 떨어지지 않으려고 몸부림치는
상수리 나뭇잎처럼 내 깊은 열정이라는 녀석은
연륜만큼이나 끈을 놓아주지 않고 싶습니다

한때 독버섯 같던 그리움이 승화되어
아련한 추억으로 쌓여가고
뭇 가슴에 못 자국처럼 새겨졌던 그리움도
이제는 밤하늘의
저 별처럼 아롱져 맺혀 갑니다

아직은 내 삶이
미완성된 수채화로 남겨진다 해도
어느 화가의 작품보다도 아름다울 것이요
탈고하지 못한 한 줄의 시가 된다 해도
어느 시인의 시구보다도 빛날 것입니다

지나가는 세월 탓이라고 여기지 말고
행여 생겨날 허한 가슴 시림과
체한 듯 뻐근한 가슴앓이도
세월이 준 선물이라 여기면서
하늘공원 갈대처럼 버틸 것이며
영종도 하늘 날아가는 비행기처럼
목적지를 향하여 날아가고 싶습니다.

눈꽃

이 얼마나
아름다운 청춘인가

가슴 뛰는 일이다

산에도 들에도
공원 길 빈 가지 위에도
사랑 빛 하얗게 피어있다

바다를 항해하는
선장 같은 삶

거기엔
침묵의 위대함과 여유로움의 위엄을
야심 차게 보이고 싶다.

모든 삶은 흐른다
왜 늘 바쁘게 움직이는 바닷물처럼.

그대가 있어 나 언제나

하루를 물들였던
고운 것들 위로
목마름의 긴 밤이 흐릅니다

사무치도록 울어대는 그리움이
바람의 언어에도
익지 않는 한낮의 햇살에도

때로는 사랑의 흔적들로
이 마음도 젖어 흐릅니다

꽃향기로 가슴이 적셔
그대를 향한 반란의 통증들은
늘 언제나 아프도록 저린
나의 고백이 됩니다

물안개처럼 피어오르는
그대 그리움 바람에 타버린
내 안의 미련한 애달픔은

홀로 그리움에 갇혀 이 밤도
목 매이도록 불러 봅니다

그대가 있어
나 언제나 벅찬 감동으로
내 뜨거운 연가를 노래합니다.

지나가는 봄

늦깎이 벚꽃 피어 온통 환하던 봄
때맞춰 불어온 늦바람에 놀라
파르르 꽃잎이 지고 있다
가던 걸음을 멈춘다

꽃가지 사이를 날며
꽃을 쪼던 동박새 한 마리
인기척에 놀라 힐끗 나를 보곤
이내 날아가 버린다

어느새 흔하디흔한 꽃 피었다 지듯
가지 위에 새 한 마리
앉았다 날아가듯
눈 한 번 감았다 뜨면
지나가는 봄

세월이 빠르다더니
이상기온 탓이런가
봄도 빠르게 지나가는가 보다
내 한 몸도 빠르게 삭아가는데…

당신

어두움 속 불빛들마저
외로움이 사무치는 날엔
사랑이 눈 안에 가득했던
당신이 더 보고 싶습니다

벌거벗은 빈 가지도
얼어버리는 날엔
따뜻한 당신이 더 그립습니다

오늘처럼 뼈마디가 으스러지는
고통이 눈물일 땐 넓은 가슴을 가진
당신이 더 만나보고 싶습니다

달빛이 그리움으로
숨어 버린 날엔
당신이 더 미워집니다

떠나진 않는 아픔이
몸부림치는 날엔
먼 곳에 있는 당신이 더 야속합니다
당신은 나의 어머니

일상

가벼운 마음으로
오늘도 하루의 문을 연다

먼 시절부터,
미래의 먹거리
그 초대는 곧, 우리다

그러므로 우리 모두가
추억으로 오는 간식거리는
아련히 떠오르는 모든 일상이 된다

먹는 것, 입는 것, 갖고 싶은 것들이
즐비했던 지나간 시절도
곧 우리가 짊어지고 갈
하루하루의 일상이기 때문이다

첫눈

지루하게
흑백 영화가 상영되고 있다

작자 미상이다

주연배우도 없다
조연배우도 없다

거대한 상영관에
바람만 거세게 불고 있다

감흥도 없이 일어서려는데
클라이맥스처럼
첫눈이 내리고 있다

弔詩_그 강을 건너셨습니까

돌아올 수 없는 강
故 김덕겸 시인을 기리며
님은 가셨습니다
그 강을 건너셨습니까
그대 생명 지워졌어도
포용 시인을 기리며

*여기에 실린 弔詩는 대지문학회 합동 조문에 보내온
조시를 받은 순서대로 실었습니다《편집자 주》.

돌아올 수 없는 강

최 진 만

아,
돌아올 수 없는 강
그 강을 건너지 마오

애써 헤엄쳐 건너신 강
그곳에 무엇이 있나요

혹시라도 물 위로 걸어 돌아오실까
보고 싶은 님이여!

故 김덕겸 시인을 기리며

박 정 란

님의 그림자
가슴 깊은 곳에 뿌리내리고
또다시 손잡아 볼 기회가 있을까

귓전에 맴도는 지워지지 않을
그 다정한 음성과 모습

님을 보내기 위함에
애써 기억을 지우려 하지만
떠나보낼 수 없음은 왜일까

님의 만추 속에 참을 수 없는
고통의 암시 된 가슴 저미는 한 소절
'이제는 기쁜 마음으로 사라지렵니다.'

우리에게 슬픈 여운을 남긴 님이시여
더 많은 주옥같은 글을 바랬었는데…

갈 길이 먼 님에게
위로의 편지 한 장 띄우고 싶지만
주소를 몰라 부칠 수 없음이 안타깝습니다

이승에서의 만남은 인연이라지만
이젠 영원한 안식처인
그곳에서 주님과 함께
평온을 누리소서.

님은 가셨습니다

한 기 룡

대한민국지식포럼과 대지문학회를
늘 사랑하시고 아끼셨던 님께서
우리 곁을 떠났습니다

얼마나 사랑하시고 생각하셨기에
대지문학회 세미나가 진행 중인
어제 오후에 홀연히 가시었나요

중소기업을 위해 경영컨설팅을 통해
많은 업체에 도움 주셨고
수많은 귀하고 아름다운 시로
많은 수상을 하신 아낌 없이
주고 싶은 마음이 늘 가득하셨습니다

님의 네 번째 시집인 《계절의 의미》가
마지막 시집이 되어버린 詩
〈마지막 가는 길〉에서
님은 이렇게 진솔하게 외치고 있습니다

"하나도 남김없이 다 퍼주고
마지막 가는 길
홀가분한 영혼으로
내 갈 길을 가야 하겠소"

부디 님이 가시는 길에
영혼의 평안함이 함께
하시기를 기도합니다.

*본 詩는 대지문학 회원들이 합동 조문할 때 영전에서 본인이 직접 낭독한 조시임.

그 강을 건너셨습니까

전 병 덕

아직도 삼켜야 할 눈물이 많아서
무슨 말로 위로를 드릴 수도 없습니다

얼마 전 찾아뵐 때 좋아졌다고
앞으로 문단 활동을 하실 것 같았는데

이렇게 황망하게 그 강을 건너셨습니까
그 강은 건너면 돌아올 수도 없는데

당신을 보내면서 흘리는 눈물은
누가 닦아 주라고 슬픈 그 강을 건너셨습니까

앞으로 당신의 모습을 시인으로 살아가는
아름다운 세상을 배우고 싶었습니다

그 꿈도 이제는 접어야 하나요
이제는 천상에서 못다 이룬 세상을
누리시고 아프지 마십시요

선배님께서 이루지 못한 문단 세상
후배들이 열심히 이루겠습니다.

*본 詩는 대지문학 회원들이 합동 조문할 때 영전에서 오세창 시인이 대독한 조시임.

그대 생명 지워졌어도

박 종 규

2024년 당신은
땅의 꽃처럼 아름다웠습니다
하늘의 별처럼 빛났습니다
당신 때문에 우리도 행복했습니다

어쩔 수 없는 강은 피할 수 없었나요
죽음의 강 그 요단강
한번 건너가면 돌아올 수 없는
두려움으로 건너지 못하는 강
내가 가진 것 잃을 수 있을 것 같아
건널 엄두조차 나지 않는 강

당신은 그 강을 건너야만 했습니다
겸손한 마음으로
충성된 종의 자세로

요단강을 건너야 하는 때가
점점 가까이 다가옴을 알고 계셨을 겁니다

당신은 떠나셨지만
나는 힘주어 말하고 싶습니다.

"영원을 사모했기에
여기 묻힌 자
포용* **김. 덕. 겸.**
그대 생명 지워졌어도
이 땅과 더불어 영원하라.

*본 詩는 대지문학 회원들이 합동 조문할 때 영전에서 본인이 직접 낭독한 조시임.

포용* 시인을 기리며

양 해 태

이 세상 그 누구도 한번 가면
되돌아올 수 없는 길,
그 머나먼 길을 왜 그리 일찍 떠나셨나요

포용의 '뻔한 것들로부터의 탈출'이라는
세 번째 시집의 머리말에
오랫동안 외롭게 방황하던 포용께서
아픔의 시간을 이겨내며 잘 헤쳐왔다고 하셨고
이제는 느티나무 그늘에서 나와 이웃을 살피며
나눌 때라 하셨음에도
그 약속을 지키지 못하시고,
뭐가 그리 급하셔서
뒤도 보지 않고 먼저 가셨나요.

포용께서는 인생의 여정에서 만난
소중한 흔적들을 시로 표출하시면서
후배들에게 아주 좋은 교훈을 남기셨습니다.

호랑이는 죽어 가죽을 남기고
사람은 죽어 이름을 남기란 말이 있듯이
길지 않은 인생에 누구보다 열성으로
앞만 보며 달려오시면서
시인으로, 수필가로, 신지식인으로
각계 각 분야의 수상 경력 등
크나큰 족적을 남기심에 경의를 보냅니다.

인생이 여정에서 만난 소중한 인연에 감사하며
이웃을 살피며 나눔에 열과 성의를 다하신
그 넓으신 마음,
이제 모두 내려놓으시고
천상에서 평안한 영면을 취하시기를
간절히 기원드립니다

*포용: 故 김덕겸 시인이 즐겨 쓰던 아호임.

追募詩_김덕겸 시인을 떠나보내며

김범식 | 마파람 외 2
김용기 | 한 번뿐인 우리네 인생 외 1
김윤곤 | 님을 그리워합니다
배건해 | 당신이 자랑스럽습니다
박명호 | 자화상 외 1
박정란 | 삶의 먼 여행
박종규 | 노을 같은 인생
송 희 | 그리움 심어준 그대 외 1
염상희 | 그루터기 외 1
임동학 | 故 김덕겸 시인님
전병덕 | 비 갠 날 외 2
정남길 | 가신 님 흔적 외 1
정철기 | 무관심 외 1
최진만 | 외로움과 괴로움과 두려움 외 2

마파람 / 김범식

비가 오려나, 눈이 오려나
그리워 기다리던 님이 오시려나 보다

자연스런 바람결에 흩날리는 머리카락이
날리는 백마의 깃털처럼
아름다움을 보게 되리라

저 멀리서 차츰차츰 다가오는 빗줄기처럼
사랑하는 님의 수식도 들려주는 마파람아
더욱 힘차게 불러다오

오늘 밤에는 그리운 님과
사랑을 하게 되리라

*본 시는 故 김덕겸 시인이 좋아하던 김범식 시인의 시이기에 특별히 실렸습니다.

그리운 님 뵈오리/ 김범식

친근감 가득한 동양란을
무척 좋아하시던 시인이다
그 난의 향기에 취하고 싶다며
그 잎새의 춤추는 기상과
잎맥의 생동감이 희망 듬뿍하다고
늘 애정을 보인다

어느 곳에서나
적극적으로 참여하고
긍정적인 눈빛으로 후원하며
쉬이 나서지 않고 잠잠히 지켜보며
뒤편에서 밀어주고 감싸주는
시대의 그리움이다

생활 속에 탐내지 않고
허황된 욕심 없이
이름의 가치 그대로
덕스럽고 겸허한 덕장이었다고
당당히 부르리라

현 세상보다 내세의
기쁨이 더욱 고귀하다는 것을
알고 떠나셨기에

너도 가고
나도 가야하는 그 길이기에
우리 슬픈 눈물을 멈추자
훗날 영원한 안식과
영원한 생명의 화려한 영광이
반겨주는 그곳에서
다시 뵈오리라

대지문학의 큰 별/ 김범식

가야 할 곳도 많고
해야 할 일이 많은 세상이라
가는 곳마다 손수 본을 보이며
앞장서서 생의 보람된 가치를
만들어 가는 사람이요.
내일도 모레도 그리 살아가자며
인생 별거 없더라
그저 욕먹지 않고 편하게 살아가면
되는 것이라 고
늘 엄지척으로 힘을 주시고
격려하시던 덕겸형아!

많은 말보다는 묵묵히 글로 표현하고
시를 쓰는 것이 "낙이라" 하셨으니
이는 예리한 통찰력이 묻어나고
생을 훈계하고 삶의 가치를 훈수함이라

국내외를 막론하고 사회공헌과
헌신 봉사로 사람의 향기
가득 풍기던 그때가 그립습니다.

태국도 베트남도 가서
기다리는 젊은이들에게
꿈과 이상을 안겨주자
하던 약속을 가지고 떠나가신
얄미운 님이여!

참으로 선하고 의롭게 살아가며
덕스러운 활동으로
수 많은 사회적 빛을 남겼는데도
억울한 생의 마감이라니 솟구치는
눈물이 앞을 가립니다.

"왜 나에게 이런 것이 왔나"
"너무도 억울하다"고 하시나
하늘이 정한 운명이라
너무 슬퍼하지 말아요
못다 이루신 꿈도 야망도
든든한 아들 기둥들이 둘이나 있으니
뒤를 이어 행할 것이요
나도 뒤따라 그 뜻을
펼쳐 가리이다

영원한 세계는 아름다우니
육신은 흙으로 돌아가더라도
영혼은 늘 우리 곁에 머물면서
편안하고 환한 미소로
모두를 보듬어 주시구려

먼 곳으로 떠나가셨으나
곁에 있음을 아는 바이라지만
나도 억울하다오
대지문학의 큰 별이었잖아
사랑하는 덕겸 형아!

가을쯤/ 김민지

저 길은 물들고
떨어지고
휘청거리겠지

앞서간 님
애절하게 그리더니
결국 따라가신 님
'계절의 의미'는 무얼까

고 김덕겸 시인의 통곡 소리도 멈춘
덕수궁 돌담길
광화문 연가처럼
그 깊은 사연
사랑으로 보답하며

추모의 글
졸시로 답합니다

이 세상 떠나신
저세상에서
행복한 사랑 타령하시길
저의 짧은 기도로

이 길을 걸으며
'계절의 의미'를 끄적입니다.

마지막 잎새가 되어/ 김민지

매달려 계실 때는 몰랐습니다
얼굴 한번 뵌 적 없지만
'계절의 의미'
책으로 만났습니다

꽃이 핀다는 믿음에 울컥하여
언제쯤 뵐 수 있겠지 했는데
그 마지막 잎새마저도 떨어져버렸습니다

두고두고 먹먹할 것 같아
또 읽고 또 읽으며
고인이 되신 김덕겸 시인님의
그리움을 따라 걸어갑니다

언젠가 천상에서 인사드리면
알아보시겠지요
마지막 잎새를 사랑한
저를 나무라지 마시고
손 한번 잡아주세요

그날까지
님의 사랑의 시처럼 살아보렵니다.

한 번뿐인 우리네 인생/ 김용기

세월을 행복과 슬픔 속에
살아오다 보니
어느새 늙음이 왔다

지금까지 살아온 세월
지내고 보니

좋은 인연도 만나고
슬픈 인연도 만나고

인생이란
만났다 헤어지고
헤어졌다가 다시 만나고

가끔은 안부를 묻는
사람이 있다는 건
행복이라고 생각한다

아등바등
살아가는 게 아니라
즐겁게 살아가자

걱정하는 삶도 하루
즐거운 삶도 하루

하나뿐인 우리네 인생

뭉게구름 속에 얼굴 모양/ 김용기

짧은 인생을 살다 가셨다
재미나게 놀자고 하더니

병마로 시달리고
고생만 하시다가 가셨다

가는 길에 택시에서
창밖을 바라보니

하얀 뭉게구름 떠 있고
그 속에 얼굴 모양 보인다

잘 가시오
서럽다

님을 그리워합니다/ 김윤곤

입추가 지났는데 아직도 무덥습니다
님께서 떠나신 지도 몇 날 밤이 지났습니다
그러나 님은 내 맘속에서 같이 합니다

님이 걸어오신 길은 보람되고 훌륭하였습니다
더 이상의 미사여구가 무슨 필요하겠습니까

님께서는 항상 바르게 살아오셨습니다
이제는 무거운 짐 다 내려놓으시고
가볍게 떠나십시오

못다하신 일은 남은 우리가 잘 마무리하고
님의 뒤를 따르겠습니다.
부디 편히 쉬소서 편히 쉬소서

당신이 자랑스럽습니다/ 배건해

빛의 색을 바꾸는 중년의 가을
신의 사랑도 자랑스럽지만
파란 하늘 환한 미소 짓는
당신의 모습이 자랑스럽습니다

시간이 흐를수록 나이테 더해가는
단풍나무 열정도 자랑스럽지만
하루하루 살아가는 소박한 모습에서
당신이 자랑스럽습니다

첫사랑의 달콤한 속삭임은 아닐지라도
마음 다짐 맹세들이 엷어지지 않고
빛을 발한 형광으로 변해 가는 건
쓰임 받기 위한 처절한 몸부림 대가입니다

외로움과 그리움의 눈물이
먼 이야기로 들리는 건
사랑의 축복이 틈조차 주지 않으려
금빛 날개로 덮어버렸기 때문입니다

눈물샘에서 흐르는 보석의 밑거름이
비바람에 견딜 만큼 심지 곧은 나무가 되기를
숙명이라는 바다에 빠져 허우적거릴지라도
당신을 사랑하렵니다.

자화상/ 박명호

내가 길가에 버려져 있다.
찌그러져 굴러가다가
녹슬어가고 있다.
누가 왜 그렇게 했을까?

아무도 없는 방을 비우고
어디로 가랴
어디로 가랴

문 열어도 날아들지 않는
나의 비둘기

다시 비가 내리고
모래가 흘러간다.

별빛이 잘게 부서지고
우울한 사내 하나

소리 없이 울고 있다

황홀한 유언장/ 박명호

장엄하게 죽고 싶다
詩의 황무지를 되찾아야 한다.
모든 걸 다 바쳐도 아깝지 않은 걸작

지도에 없는
詩의 집을 만들어야 한다.
우리 시대의 마지막 奇人
詩人

시집 속에는
무한정의 빨간색과 노란색이 있다
무한정 나오는 초록과 파랑이 있다

흰 눈처럼 깨끗한
어린 詩의 영혼들을 생각하면
내 가슴은 아직도 뛰고 있다

삶의 먼 여행/ 박정란

하늘에 그어진
나의 運平線의 아름다움
삶에 지친 내 어깨 다독이고

고갯마루 넘어설 때
등에 업힌 보따리
꿰맬 수조차 없는 낡은 것을
감히 누가 맡아주겠는가
비록 쓸모없는 삶의 찌꺼기지만
종착지에 다다를 때까지
등에 지고 가야 하지 않겠는가

아무에게도 줄 수 없는

인생의 모순덩어리

인생의 끝자락이 보일 때

바다에 던져 버리자

나의 고생보따리를…

*故 김덕겸 시인을 기리며 그의 시집 『계절의 의미』를 읽고, 나의 시집에서 한 편을 골라 영전에 바치고 싶습니다. 박정란.

노을 같은 인생/ 박종규

저녁노을 지어가는
그때를 보셨습니까
기억하십니까

아름다움을
찾아보셨겠지요
생각하셨겠지요

당신의 삶 당신에게도
노을이 찾아왔습니다

노을, 그 마지막이
더 아름다울 수 있다면
가는 길이 좀 힘겨워도 참을 수 있었습니다

당신은 마지막 하루하루 절망하지 않고
용기를 내어 살아보려고 애쓴 것도
내일을 기다리기 때문일 것입니다

지금도 당신은 하늘에서
좀 더 나은 앞을 바라보면서
내게 약속하신 주님 바라보면서
꿋꿋이 참으며 그저 꿈을 심어가리라 믿습니다

이제 삶의 끝자락에 서 있는
많은 이들을 위하여
서서히 황혼빛이 스며늘고
아주 고운 빛 물들이게
더 다독이고 영혼만을 생각하며 살아가시길…

그리움 심어준 그대/ 송희

강물처럼 잔잔하고
바람처럼
싱그러운 모습으로
살며시 다가와

내 가슴 깊숙이
사랑을 심어준 그대

아름다운 향기로
활짝 핀 꽃과 같이

내 마음에
시들지 않는 그리움
심어준 그대

보고프고 그리워도
그리움 한껏 감춘 채
수줍은 미소 하루에도
수십 번씩 떠오르지만

그리움으로 행복 주는
그대이기에
인연이라 여기며
길이 간직하리라

봄을 기다리며/ 송희

창가에 앉아
겨울의 마지막 서리를
바라본다

꽃잎 하나둘
기지개 켜는 듯
봄바람 속에
내 마음도 피어오른다

하늘은 맑고
구름은 흘러가고
나의 꿈들도
봄과 함께 춤을 춘다

그루터기/ 염상희

오랜 세월 삶을
지탱해온 흔적

아련히 들려오는
봄의 새싹의 속삭임
활짝 핀 꽃들의 노래
거듭된 숙명의 여정

환희와 탄성을 멈추고
벌어져 온 역사를 안고

말없이 떠나는 담담한 모습
아름다움이 아련하다
흙으로 승화해 가는 그루터기

살아온 삶을 존경합니다
사랑합니다.

은빛 물결 따라/ 염상희

은빛 물결 속에서
은빛 물고기 되어
은빛 춤을 추다
은향 날리다 가신 당신

늘 열심이었고
따뜻함은 봄날의 온화함
삶을 정리함에 시 쓰기로
여념을 다하신 당신

여행 끝내신 길목 곳곳에까지
잔 시까지 남겨 놓고 가시니
움큼마다 피는 꽃들
그 열정 꼭 닮고 싶네요

시름없는 그곳에
편히 쉬소서

김덕겸 님을 그리며

故 김덕겸 시인님/ 임동학

아직도 믿어지지 않습니다
소천하셨다는 것을
그리도 서둘러 가신 뜻을
알 길이 없습니다

인천 자택에
병문안 갔을 때만 해도
병마를 털어내고 쾌유하실 것을
간절히 소망했는데

가끔 안부 전화 연결되면
호흡곤란을 안타까워했고
혈액투석을 마음 아파하셨던
동병상련의 아픔을 나누었는데

가천대 길병원 가는 길
마음은 무겁고
억장이 무너지는 아픔을
온몸으로 느껴야 했습니다

재혼하신지 얼마나 되셨다고
둘째 아들 가정 이루는 것도 보셔야
영정사진 앞에서
푸념 아닌 넋두리를 했습니다

정직하시고 진실하셨으며
인품이 후덕하셨던
김덕겸 시인님
하늘나라에서 영생을 누리소서

비 갠 날/ 전병덕

여름꽃들이 한창 필 무렵에
장맛비에 얼마나 두들겨 맞았는지
찢어지고 멍들고 만신창이가 되었다

그동안 보지 못했던 벌 나비도
찾아와서 속삭이는지 위로 하는지
날아갈 기미가 없다

오늘은 햇살이 뜨겁다 못해
불구덩이 같은 한낮이다

나무 그늘을 찾아서
여름을 긁어모아 추억을
조각해보는 한가로운 시간이다

높다란 하늘에 조각구름은
장마가 지난 곳을 뒤처리하듯이
하늘을 문지르고 닦으며 지나간다

하늘은 파란 명경같이 맑다

먼 산에 안개 걷히고/ 전병덕

수십 년간 걸려서 걸어온 나
돌아보니 눈 깜짝할 사이
날이 저문다

비가 그친 먼 산에 안개도 걷히고
안개가 숲으로 숨은 것인지
숲이 안개를 품은 것인지
숲의 침묵은 짙은 색을 띠고 무거워진다

욕심 많은 작은 새는 아직도 길을 잃고
어둠 속으로 날아간다
안개가 길을 터준 어두운 숲속이었다

내일은 무지개를 볼 수 있을 것만 같은
결 고운 가벼운 바람이 분다

노을도 이제 자리를 뜬다
농부는 연장들을 주섬주섬
제자리에 두고 하루를 정리한다

나비야 날자/ 전병덕

각자 색을 품은 꽃들 속에
나비 한 마리 얼굴을 묻고
흐느끼는지 속삭이는지
일어날 기미가 없다

작은 나비의 흔들리는 날개
내가 같이 울어야 할지
웃어줘야 할지 모른다

남몰래 흘려야 할 눈물이라면
나 또한 날개를 갖고 싶다

저 하늘 숨은 별에게 날아가서
기쁜 눈물인지 슬픈 눈물인지
아무도 알려주지 않는 눈물을
실컷 쏟아 버리고 싶어진다

노랑나비 하얀 나비야
같이 날아가자
개망초꽃도 피고 금계국도 핀
아름다운 세상을 같이 훨훨 날자

*보길도에서

가신 님 흔적/ 정남길

소리 없이
남몰래 삼키더니
보슬비 되어
소리 없이 내리고

급하게
삼켰나
폭포 되어
쏟아져 내린다

어디부터
갈라졌나
어디로
가셨는가

보슬비와 장맛비에
여름은
무너져 가지만
가신님 그 자리엔
그리움이 더해만 간다

흰 구름 먹구름/ 정남길

파란 하늘 어디에 숨었었나
작은 소망
흔적 담아
흰 구름으로
먹구름으로 피어나더니

하얗게도
사납게도
널따란 가슴에
모든 사연 끌어안는다.

흰 구름에 안긴 소망
사랑으로 미소 지어
희망으로 부풀게 하고
먹구름에 쌓인 흔적
소리치며 힘껏 토해내더니

흩어져 버리는 소망
쏟아지는 빗물
갈증으로도 풀어내고
그리움 씻어내는
생명수로 흘러 내린다

무관심/ 정철기

그대
혼자 살아보면 안다
곁에 누가 있다는 게
큰 위로가 된다는 걸
그대 기억에 있다는 게
얼마나 큰 축복인 줄 알게 된다

그대와
나눌 수 있다는 게
얼마나 큰 선물인지 안다

혼자 있으면
외로움이 무섭다는 것을 안다
무서운 것보다
더 무서운 게 있다

무관심해서
랜선 비대면
노래자랑 참가해 본다
그대 덕분에
장려상을 받았다

유튜버로
안부를 전해본다
안부
그걸 잊고 산다
여기 있다고

희망/ 정철기

삶에는 저마다 표정이 있다
구름처럼 왔다가
바람처럼 사라질지라도
이 모양 저 모양으로 살아간다

누구나 희망을 꿈꾼다
나도 그렇다

살아있는 나는
생의 좌표를 점검한다

변화는 생각과 시간 속에
존재를 확인한다

그대 희망이 있기에.

외로움과 괴로움과 두려움/ 최진만

산다는 것은
외로움과 괴로움과 두려움을 견디는 일

혼자 살면 외로움이 있고
둘이 살면 괴로움이 있다

질병이 있기에
건강의 소중함을 배우고
죽음이 있기에
삶의 위대함을 실감하며
외로움이 있기에
사랑과 우정의 가치를 느끼고
괴로움이 있기에
평안함의 의미를 깨닫고
두려움이 있기에
인간은 실수를 줄일 수 있다

성경 말씀에 두려워 말라 366곳
세상 두려워 말고
하나님을 두려워하라

두려움과 기도/ 최진만

몸이 조금 아파도 두려움
일이 잘 안되어도 두려움

가족이 아파도 두려움
병원에 검사받아도 두려움
달이 바뀌면 나이 먹는 두려움

인간의 한없는 부족함
인간이 할 수 없는 한계
오로지 기도 또 기도밖에 없네

그래도 희망이 생기는 건 하나님의 은혜
두려움과 희망이 교차한다

내가 하나님의 일을 하면
하나님은 내 일을 해주신다

하나님의 은혜/ 최진만

내가 지금 가진 모든 것들이
내가 지내왔던 모든 시간이
하나님의 예비하신 은혜라오

캄캄한 밤을 지나 찬란한 아침도
눈부신 아침 태양과 붉은 저녁노을도

혹한의 겨울을 지나 봄날의 향긋한 꽃향기와
폭염의 여름을 지나 가을의 풍성한 열매도

하나님의 예비하신 은혜라오
모든 것이 은혜 한없는 은혜

내 삶의 순간순간마다
모든 것이 하나님의 은혜 은혜라오

遺稿시집을 펴내며_감사의 글

먼저 아버지의 유고집을 출판할 수 있도록 힘써주신 박중규 선생님과 여러 시인님께 감사의 인사를 올려드립니다.

아버지께서 이렇게 존경스럽고 훌륭하신 분들이 곁에 있다는 것을 보면서 아버지께서 멋있는 인생을 사셨고, 주변 분들께 인정받는 삶을 사셨다는 것에 아들로서 자부심을 느끼게 되었습니다. 저에게는 너무도 존경하고 다시 태어나도 아버지의 아들로 살고 싶을 정도로 사랑스러운 아버지입니다. 너무도 힘들었던 시기도 있었지만 기죽지 말라며 없는 돈을 쥐어주며 친구들에게 비싼 밥 사 주고 오라며 아들만큼은 떳떳하게 행동하길 바라셨던 모습이 아직도 잊지 않고 기억 속에 남아 있습니다.

아버지께서는 늘 건강만 되찾게 된다면 노후에 시를 쓰면서, 지내왔던 감정이나 생각을 정리하면서 살고 싶어 하셨는데 너무도 갑작스럽게 이리도 일찍 가시다니 아직도 마음이 아프고 그리운 마음 태산 같습니다.

아버지를 잊지 않으시고 조문해주시고, 弔詩도 보내주시면서까지 애도해 주시며, 더구나 아버지를 기리는 시로 마지막까지 함께해 주신 대지문학 회원님들께 깊은 감사의 말씀 드립니다.

본 유고시집에 아버지의 마음을 담아 하늘에서는 부디 아프지 말고 평온한 마음으로 지내길 기도하겠습니다.

2024. 08. 10
시인 김덕겸의 아들 김 재 훈

〈부록〉

故 김덕겸 미니자서전
"삶은 '만남'의 연속이었다"

덕겸은 울지 않는 아이였다. 아니, 울 줄은 알았지만, 사람들은 울지 않는다고 생각했다. 그건 어쩌면 사람들의 자기중심적 이기심 때문이기도 했다. 덕겸이는 두 살 때 어머니를 여의고 새엄마 밑에서 자랐다. 그때 당시 아무리 커다랗게 울어봤자 나의 울음소리에 귀 기울여 들어줄 사람은 아무도 없었다.

새엄마는 덕겸의 눈물조차 용서하지 않았던

게 아닌가. 어머니에 대한 기억은 겨우 한 장 남아 있는 사진으로만 가까스로 그 흔적을 찾아볼 수 있을 뿐 내 머릿속에는 어머니를 떠올려 보려고 애를 써봐도 '어머니'란 단어, 세 글자만이 맴돌고 있다. 그렇지만 덕겸의 마음 한구석에는 '어머니' 아니 '엄마'를 마음껏 불러보고 싶은 '그리움'이 사무치고 있다. 그렇다. 어린 덕겸이 새엄마와 자라면서 크고 작든 그 어린 마음속에 상처받지 않았다면 거짓말일 것이다. 이는 그만큼 엄마에 대한 그리움이 사무쳤기에 그렇지 않았을까. 덕겸은 어머니를 일찍 여의고 초등학교도 만족스럽게 다니지 못했다. 아버지도 채 스무 살도 되기 전에 돌아가셨기에 더욱 그러하다. 그래서 언제나 덕겸의 생각은 뚜렷한 학력도 재산도 아무것도 없어서는 안 되겠다는 느낌이 들지 않았을까. 그러므로 덕겸에게 박혀 있는 재산은 '젊음'과 '나 자신의 노력' 뿐이었다. 그만큼 배움에 대한 열정은 대단하였다.

어린 시절의 이야기를 써 내려가는 내내 덕겸

은 불편하고, 슬프고 안타까움이 공존한다. 의지와는 상관없이 머물게 된 그 어두컴컴했던 내 방, 늘 바쁘시게 당신 일에 충실했건만 나에게는 멀게만 느껴졌던 아버지, 온통 나에게는 어머니의 젖을 맘껏 빨아보고 싶은 마음이 그득했다. 그래서 그런지 덕겸은 다 큰 여자만 봐도 어머니의 환상이 어렴풋이 나타나면서 뭔가 주고 싶고, 배려하는 등 잘해주고 싶은 마음이 솟구쳐오기까지 했다. 언젠가는 이런 나를 보고 핀잔 아닌 핀잔을 선배에게 듣기까지 했을 정도였다.

"그 여자 좋아해? 뭐 썸씽이라도 있었던 거야? 말 좀 해 봐!"

이 말에 덕겸은 변명조차 하지 못했다. 나의 어렸을 적 있었던 아픈 기억을 소환해 내어 얘기해 주는 것조차 나의 자존심을 건드리는 것과 같았기 때문이다. 사실 덕겸은 누구나 그랬던 것처럼 자기를 누구와 비교하면서 자존심을 짓밟는 행위에 대해서 불쾌감을 나타내고 있었다. 특히, 어머니에 대해서 이야기하는 자리에는 은근히 피하는 게 습관화된 것이다. 그런 자리는 고통의 시간이었다.

우리에게 고통이란, 한층 더 나를 견고하게 만들어 주는 '두꺼운 layer(층)'인 것 같다. 굳이 겪지 않았다면 더 좋았겠지만 지금 생각해 보면 이 특별한 만남과 경험들이 지금의 나를 튼실하게 만들어 준 것 같다. 이런 것들이 없었다면 힘들 때마다 여기저기서 접하는 명언들은 내게 한낱 이론에 불과했겠다. 그런 고통의 시간이 지금의 자신을 만들어 주었다고 생각할 수 있다.

가끔, 덕겸은 괴테의 "눈물 젖은 빵을 먹어보지 않은 사람은…"이라는 시적 표현을 떠올렸다. 내가 그런 고통스럽고 괴롭고 외롭던 경험이 없었더라면 오늘의 나는 없었을 것이라고 믿고 있다. 덕겸은 '눈물 젖은 빵을 먹어보지 않은 사람'은 인생을 논할 자격이 없다고 보고 있다. 고통스럽고 서러움을 겪어보지 않은 사람이 인생의 참 의미를 알기 어렵다고 평소에 생각하고 있었기 때문이다. 특별히 덕겸이에게는 경제적인 고통이 아닌, 정신적인 고통스러운 상황에서, 슬픔으로 울면서 밤을 지새웠다. 눈물이 마음에서부터 우러나오고 마음이 가난했는지도 모르지만, 덕겸에게 눈물은 모든 고통을 상징했다. 눈물은 단지 배고파서 흘리는 게 아닐 것이다. 어머니의 정이 그립고 서러움과 억울함은 눈물을 참지 못하게 만들어 주었다. 잠을 이룰 수도 없었다. 베개도 이불도 눈물에 젖었다. 왜 그래야만 했을까.

무뚝뚝하고 자기 일에 철두철미하셨던 아빠와 그것을 견디면서 사셨어야 했던 엄마를 생각하며 일찍 돌아가셔서 하늘나라에 나를 지켜보고 있을 엄마의 걱정을 덜어드리기 위해서 최선을 다하고 공부하면서 지냈던 청소년기, 아빠의 바람대로 진학한 중고등학교로 다니면서 힘들었던 그 시절. 그리고 배다른 여동생들과 남동생을 생각하면서 열심히 지내야만 했던 그때의 기억이 새삼 머릿속에 떠오르기도 했다. 한편 덕겸은 이런 다짐이 체질화되어 자기에 충실하고 타인에게는 배려하는 진심 하나로 하루하루가 즐거웠다. 행복하다고나 할까. '하늘은 스스로 돕는 자를 돕는다,'는 말이 있듯이 경영학 박사 학위도 취득할 수 있었고, 자타가 가장 권위 있다고 알아주는 국가인증 경영지도사 시험에도 합격하여 크고 작은 기업체와 단체들의 컨설팅을 해 오고 있다. 이에 힘입어 알만한 기업체, 누구나 가고 싶어 하는 기업체의 임원으로 이름을 올려놓게 되었을 뿐만 아니라 누구나 받고 싶고, 인정해 주는 '신지식인'이라는 칭호까지 얻게 되었다. 더구나 그의 마음 한구석에 똬리를 틀고 있었던 아내와의 사별 이후, 새로운 동반자에 대한 오래된 염원이 이루어지기 직전까지 이르게 되었다는 사실에 기쁘기 그지없을 정도이다.

사실 덕겸은 오랫동안 혼자였다. 어렸을 적 얘기가 아니다. 지금부터 10여 년 전으로 돌아가 본다. 나의 사랑하는 아내, 순자는 두 아들과 덕겸을 홀로 남겨 놓고 내 곁을 떠나고 말았다. 덕겸의 인생에서 가장 힘들 시기였다. 제2의 고통이 시기였다고 보면 틀림없었다. 1993년, 아내는 암 진단을 받고 치유의 효과가 있었던 것도 잠시, 다시 재발해, 마침내는 무려 18년이라는 긴 고난의 생활을 그와 함께 투병 아닌 투병 생활을 해야만 했다. 직장도 날아가 버렸던 것은 당연지사였다. 잠시도 그의 곁을 떠날 수 없었던 것이었다. 오랜 기간 그를 위한 무면허 남자 간호사가 되어 함께하면서 내 몸도 지칠 대로 지쳐 있었다. 정신적인 피로감은 이루 말할 수가 없었다. 휠체어에 태워 그를 위해 날마다 정해진 시간에 맞춰 햇빛이 밝게 비추는 데를 찾아다녀야 했고, 나중에는 대소변 시중까지 들어야만 했다. 그를 떠나보내야만 했던 날을 기억하기조차 하기 싫다. 그가 떠난 후, 나의 생활은 더 큰 번민에 시달려야 했고 그러면 그럴수록 덕겸은 날마다 외로움이 물밀듯이 밀려오며 우울증에 시달리면서 최후의 선택까지…. 지금도 덕겸은 사랑하던 한 여인을 간호하고 떠나보내야만 했던 고통은 나의 어렸을 적을 회상해

내곤 하였다.

덕겸의 고향은 경상남도 창원이다. 지금이야 창원은 거대한 도시로 변해 있지만 내가 살던 동네는 전형적인 시골 마을의 티를 벗어나지 못했다. 어머니가 화병으로 돌아가셨다는 말을 들었던 때는 이미 창원 생활을 접고 아버지의 직장을 따라 부산으로 이사했으며 방황도 하면서 어떻게든 살아서 어머니의 한도 풀어드리기 위해서라도 닥치는 대로 신문 배달 등 알바 일 같은 것을 안 해본 게 없었다. 이런 상황 속에서 공부는 해야겠기에 서울에 올라와 숙식을 해결하기에 안성맞춤인 학원 기도 생활을 해가면 대입학원을 지금도 잊을 수가 없다. 아마도 거기에서의 생활은 아버지마저 내 나이 19살에 돌아가시면서 오랫동안 계속된 것이다. 또 그 당시 군대에 갔다 오면 다시 인생을 살아갈 힘이 생긴다는 어느 선배의 말을 듣고 지체함 없이 육군에 자원입대, 만기 제대하고 학업을 계속하여 대학교, 대학원까지 마칠 수 있다. 더욱이 우연하게도 입시

학원에서 만났던 여자와 사랑을 불태워 결혼하여 두 아들, 재훈이와 재영이를 둔 덕겸의 생활은 별로 나아졌다고는 볼 수는 없었지만 둘만의 사랑은 끊어질 줄 몰랐다. 경상도 총각과 전라도 남원 처녀와의 결혼은 앞날을 밝게 해 주었으나 꼭 그렇지만은 아니었다. 아름답고 순탄한 결혼 생활과 더불어 당시 잘 나가던 대기업에 다니던 덕겸이었다. 누구나 그렇겠지만 그 당시는 불확실한 퇴직제도와 연금제도로 아무리 큰 회사에서 퇴직한들 특별한 재산이 없는 사람들은 고통의 연속일 뿐이었다. 나 역시 그런 사람 중의 하나였다. 그 옛날의 영광만 바라볼 뿐이었다.

그런데도 나의 사랑하는 두 아들, 재형과 재훈이. 제 나름대로 각자의 일터에서 제 몫을 다해가며 최선의 삶을 살아주고 있는 데에 오늘도 덕겸은 감사하고 있다. 어려운 가정 상황, 엄마도 없는 그 악천후 속에서도 흔들림 없이 잘 자라주고 홀아비 아빠를 끊임없이 지원해주고 있는 늠름한 우리 두 아들, 그리고 며느리 조혜정, 눈물겹도록 …, 무슨 말을 더할 수 있으리오. 정말

고맙다고….
더욱이 형제간의 우애가 깊다는 것은, 간절한 나의 기도를 하나님께서 이루어 주신 것이라 믿고 싶다. 얼마 전, 작은아들 재훈이가 형의 어려운 점을 이해하고 분에 넘치는 크게 도움을 준 점, 아버지로서도 감당하기 어려운 결정을 한 것에 대해서 눈물이 나온다. 일반적으로 부모의 바람과 달리 자식들은 하나의 물건을 두고 경쟁하거나, 부모의 사랑을 독차지하기 위해 다투기 일쑤인데 내 두 자식은 서로의 눈물을 닦아주고 공감해 가면서 나눔을 실천하고 있으니 더 바랄 게 있을까.

이제는 결국 내가 행복해야 내가 아끼는 자식, 가족, 지인 등 주변인들도 행복할 수 있다는 사실 앞에 이르게 되었다. 또한 나의 자존감이 단단해야 내 사랑하는 아들의 자존감도 더 단단해질 것이라고 덕겸은 확신하고 있다. '부모는 자식의 거울'이라는 말은 참된 진리였다. 부디 다른 사람들은 나같이 어리석은 아집으로 지뢰밭 같은 인생을 살며 소중한 시간을 허비하지 말기를, 또한 자신을 스스로 나락으로 떨어뜨리지 않기를 진심으로 바란다. 덕겸은 그런 자존감을 갖지 않고 허비한 생활도 있었다. 자존감은 정말 중요한 단어인 것 같다. 기분이 좋지 않고 우울감을 느꼈을 때 나의 기분이 타인들에게 영향을 주기도 하니 말이다. 그래서 그런지 우연히 찍힌 나의 얼굴에서 '웃는 모습'을 찾아볼 수 없는 정도가 되었으니…. 어쨌든 내면에 쌓인 우울감이 결국 폭발하게 되었을 때는 이성이 상실되어 버리는 듯한 기분을 느껴왔다. 결국 반복적인 생활 전선에 무기력해져서 이런 내가 자존감을 높이고, 내가 살아있음을 느끼기 위해서 덕겸은 책을 다시 읽기 시작했다. 즐기는 책만 읽는 것이 아니라 古典스런 '빙점' 같은 소설책도, 황동규 시인 등 여러 시인의 시집도, 더 나아가 셰익스피어 작품까지 읽으면서 자신에게 물어보고 있다. 그러니까 평생 공부해 간다는 심정으로 책 읽기를 선택했으며, 이것이 시발점이 되어 여기저기 모임에서 주관하는 인문학 강의와 공부 모임에도 적극적으로 오늘도 참여하고 있다. 아마도 내가 시인으로 등단하게 된 것 역시 여기에 힘입은 바 크다고 아니할 수 없겠다.

'지금까지 나는 왜 타인을 의식하고 남의 눈치만 보고 살아가고 있는 것일까?'
이런 의문을 가지고 적극적으로 사람 만나기에도 애썼다. 내가 실낱같은 희망으로 햇볕을 쬐어주기 위해서 아내가 탄 휠체어를 밀고 나가곤 했던 공원 길에 나갔을 때 한 여인을 만나게 이르렀다. 나의 소원을 또 들어주시려는 것이었을까. 서로의 눈빛은 통하고 있던 것인가. 그이와의 만남은 천운이 되고 말았다. 덕겸은 점점 성인으로 살아오면서, 더 나아가 아내를 떠나보낸 후 어머니에 대한 그리움은 더해갔으며, 그것은 이성에 대한 열정적 사랑이 더 움터 가고 있었다. 여기에 불을 붙인 말 한마디가 덕겸이는 잊지 못한다.
"당신과 같은 순애보 사랑을 잊지 못해요."
"무슨 말씀이신지…?"
"오래전, 하루도 거르지 않고 사모님을 휠체

어 앉히고 밀어주던 그 모습 참 아름다웠어요. 잊을 수 없어요. 그런 사랑이… 사모님은 지금쯤은 회복되셨죠?"

동병상련이라 했던가, 덕겸은 사별의 아픔을 겪고 있을 무렵, 덕겸은 결혼의 실패로 인한 이혼이라는 아픔의 상처를 안고 헤어숍을 착실히 운영하며 홀로 살아가던 그 여인과 함께 가끔 만나던 횟수를 늘려가면서 서로의 힐링을 느끼곤 하였다. 서로 간의 치유인 동시에 '하늘이 인정해 줌'이 아닐까 하는 생각도 덕겸은 해보게 되었다. 덕겸 자신의 삶을 되돌아보면서 지금까지의 고통이 어느 정도 아물었다는 것일까. 상처라는 게 곱씹으면 곱씹을수록 오래 남는 것 같은데 그런 만남을 이어가면서 '썩 괜찮은 만남'이라는 걸 생각해 보았다. 어쩌면 천생연분이 따로 없다고 생각하기에 이르렀다. 하루라도 만나지 못하면 서로가 불안할 정도였으니 사랑은 둘만을 넘어 주변인까지 눈치챌 정도였다. 왜 덕겸은 그 여인에게 정을 주고 말았을까.

여기서 덕겸이 스스로 밝히지 못하고 살아왔던 오래된 습관 중 하나를 밝히고 싶었다. 그것은 바로 여자에 대한 흥미와 관심에 특별한 버릇이 있다. 젖가슴이 큰 여자를 좋아하고, 그런 여자와 하룻밤이라도 즐기는 것이다. 아마도 어머니에 대한 정을 단 한 번도 느껴보지 못했던 그리움이 변모했던 게 아닌가 하고 덕겸은 고백해 본다. 어머니의 영향력은 누구에게나 동일하다고 믿고 싶다. 바로 요즘 그런 만남을 이어가고 있는 왕명숙 여사로부터 점점 잊어가고 있던 엄마를 향한 애틋한 정을 되살리고 있을 뿐만 아니라 인생 칠십을 맞은 덕겸에게 살아갈 힘과 함께 늙어감에 따른 섹스의 만족감까지 되살려주고 있으니 이 또한 기쁨이요, 제2의 인생을 살아갈 원동력을 얻은 셈이다. 새롭고도 영원한 배필을 만난 덕겸은 하루하루가 즐겁고 행복하다고 말할 수 있다는 자랑을 늘어놓는다.

더구나 왕 여사가 덕겸이 중요하다고 생각하고 있는 덕겸 자신의 건강을 알뜰살뜰 챙겨준

결과 눈에 띄게 건강이 좋아지고 있다는 신호가 나타나고 있다는 사실이다. 얼마 전까지만 하더라도 계단을 오르거나 빠르게 걷게 되면 숨이 차던 호흡이 정상적으로 돌아왔을 뿐만 아니라 얼굴 빛깔에서 화색이 돌고, 다리에 탄탄한 근육이 되돌아오고, 무엇보다도 밥맛이 꿀맛일 정도로 식사 시간이 기다릴 정도이다. 이 모든 것은 새로 만난 왕 여사의 덕겸을 위한 헌신적인 자연건강 비밀식단에 있다고 확신한다. 이런 그를 덕겸은 남은 인생의 반려자, 배필로 여기고 새로운 희망에 부풀어 있다.

한편 덕겸은 이와 함께 최근, 두 가지의 의미 있는 만남이 덩굴째 굴러들어오는 행운이 있었다. 하나는 대한민국지식포럼 시인대학에서 처음에는, 시인 선생님으로 만났던 분을 선배로, 형님으로, 더 나아가 인생 멘토로 모실 수 있을 정도로 발전하게 되었다는 사실이다. 이분의 명강의를 듣게 됨으로써 작년에 『별 내리는 밤』, 『언젠가 그날을 위하여』 등 두 권의 개인 시집을 펴내게 되었을 뿐만 아니라, 이번 2022년 여름에는 더 성숙된 모습의 개인시집 『일상으로부터의 탈출』을 출간하고 출판기념회까지 열게 되었으니 이 또한 기쁘지 아니한가. 앞으로 더욱 꾸준히 詩作을 하여 내년에는 생활 속의 작은 이야기를 곁들인 '나만의 시집'을 또 출간 계획으로 하루하루 준비에 여념이 없다. 우리나라 시인이라면 전통적으로 선비로 우러러볼 정도였는데 바로 내가 이에 걸맞게 등극하게 되어 크고 작은 문학단체로부터 각종 문학상을 여러 번 수상하는 영광까지 안아보게 되었고, 문학인으로서의 활동도 더 왕성하게 하게 되었다. 더욱이 내가 마지막 직업으로서 시인으로, 시인과 문학인으로 살아가게 되었다는 게 얼마나 기쁜 일인가. 칠순에 새로운 삶을 펼쳐 가고 있다는 것이 얼마나 자랑스러운 일인가.

또 다른 하나는 서울대학교 '인생대학'을 다니면서 매주 한 번씩 교수와 제자로 만나는 기쁨도 그동안 '머릿속에서의 쉼'을 이어오던 덕겸에게 지식의 축적과 함께 노년의 '사귐'을 더해 가는 기쁨, 또 다른 하나의 만남을 플러스해 가고 있다. '장수시대의 건강과 행복', '중노년기에 꼭 해야 할 운동', '나이 들어가는 나 이해하기' 등 모든 강의가 덕겸의 삶의 근육을 알토란처럼 살찌워주고 있다. 이 모든 게 감사할 뿐이다.

덕겸의 어렸을 적 꿈은 교수가 되어 보겠다고 생각했다. 아마도 덕겸이 가장 존경하는 아버지의 영향이 컸던 게 아닌가 하고 생각한다. 일본 와세다대학을 나오고, 고위공직자였던 아버지는 엄격하고 점잖다고 소문나 있었기에 그 당시 많은 이들에게 존경을 받았다. 이런 아버지는 예의범절을 강조하고 성실하고 인내심이 강했다. 누구나 그렇겠지만 아버지는 경제적으로 어려운 말년을 보내야 했지만 싫은 소리 한마디 내색하지 않으시고 인내심 하나로 굳건히 버텨나가셨다.

덕겸은 오늘도 죽음을 생각하고 준비할 이 나이에 맞는 장밋빛 내일을 설계하고 있다. 그래서 두 아들에게는 먼저 건강에 관심을 가져야 한다고 강조하면서 결혼 상대를 잘 만나야 한다는 '만남'의 중요성을 귀가 닳도록 강조해 주고 있다. 덕겸은 모든 게 새로운 '만남'에 있다고 굳게 믿고 있다. 개인적으로 독일의 작가 한스 카로사가 말했던 '삶은 만남의 연속이다'란 하나의 문장을 좋아한다. 여기 만남은 순간순간마다 나타나고 있는 만남을 내가 어떤 선택을 하느냐는 것이다. 그만큼 자신의 선택이 중요하다는 것을 의미한다고 하겠다. 삶은 하나의 과정에서 특히, 어렵고 힘들었던 때마다 보이지 않던 그 무엇이 덕겸 자신을 간섭하고 계신다는 믿음을 느끼곤 한다. 신적 존재든 영혼의 실체라고 말할 수도 있는 이런 것들이 나를 감싸고 있기에 덕겸은, 그 무엇보다도 '만남'을 소중하게 긍정적으로 여기며 오늘도 살아가고 있다. 죽음도 즐거움 속에서 담담하게 맞고 준비할 여유까지 생긴 것이다. 그 일환으로 '사전의료의향서'를 작성하고 시신도 대학병원에 기증하려고 한다. 마지막으로 이에 덕겸은 오늘, 묘비명과 중심적인 유언장을 작성하기 전, 윤동주 시인의 '내 인생에 가을이 오면'이란 시를 적어 본다.

내 인생에 가을이 오면/ 윤동주

내 인생에 가을이 오면
나는 나에게
물어볼 이야기들이 있습니다.

내 인생에 가을이 오면
나는 나에게
사람들을 사랑했냐고
물을 겁니다.

그때 가벼운 마음으로
말할 수 있도록
나는 지금 많은 사람들을
사랑하겠습니다.

내 인생에 가을이 오면
나는 나에게
열심히 살았냐고
물을 겁니다.

그때 자신에게 말할 수 있도록

나는 지금 맞이하고 있는
하루하루를
최선을 다하여
살겠습니다.

내 인생에 가을이 오면
나는 나에게
사람들에게 상처를 준 일이
없었냐고 물을 것입니다.

그때 자신 있게 말할 수 있도록
사람들을 상처 주는 말과
행동을 하지 말아야 하겠습니다.

내 인생에 가을이 오면
나는 나에게
삶이 아름다웠느냐고
물을 것입니다.

그때 기쁘게 대답할 수 있도록
내 삶의 날들을 기쁨으로 아름답게
가꾸어 가야겠습니다.

내 인생에 가을이 오면
나는 나에게
어떤 열매를 얼마만큼 맺었느냐고

물을 것입니다.

그때 자랑스럽게 말할 수 있도록
내 마음 밭에 좋은 생각의 씨를 뿌려놓아
좋은 말과 좋은 행동의 열매를
부지런히 키워야 하겠습니다.

(묘비명)
"늘 부족했지만 늘 조금씩 채워가며, 만족하며, 나누며 함께 살았던 이 여기에 잠들다."

(유언)
"나와 함께 한 모든 분께 감사함을 전하고 싶다."
"후회 없는 삶을 살기 위해 항상 준비하라."
"항상 기뻐하라. 쉬지 말고 기도하라. 서로 사랑하라."

본 자서전은 고 김덕겸 시인이 2021년 작성해 놓았던 작품을 유족의 허락을 받아 실리게 되었음을 밝혀둡니다《편집자 주》.